# APPEL

A

## MICHEL MONTAGNE,

SUIVI DE

VOLTAIRE AUX CHAMPS ÉLISÉES,

*Poëme*,

Et précédé d'une Adresse en vers

AUX FRANÇAIS RÉPUBLICAINS.

A PARIS,

De l'Imprimerie de la Gazette de France Nationale,
rue des Marais, fauxbourg S.-Germain, N°. 2.

1793.

## AUX FRANÇAIS RÉPUBLICAINS.

Rome n'eut jamais plus de gloire,
Qu'en ces jours où la liberté
Brilloit, fière de sa victoire
Sur la funeste royauté.

Mais de conquêtes idolâtre,
Rome perdit ses moeurs (1), ses loix,
Et devint le théâtre
Où le crime plaça ses rois.

L'homme sans desirs vit sans maître :
L'ambition forge ses fers.
Français, n'en laissez jamais naître ;
Vous affranchirez l'univers.

Ne combattez que les esclaves
Qu'arment leurs maîtres contre nous,
Déliez, brisez leurs entraves
Par de grands, de généreux coups.

---

(1) La haine implacable contre les tyrans dans les deux Brutus, l'inflexibilité de Manlius, la simplicité, le goût des travaux champêtres dans Cincinnatus, le mépris des richesses dans Fabricius, l'austérité stoïcienne de Caton, et dans tous les Romains l'horreur pour la monarchie ; l'amour de la liberté et de la patrie, la grandeur d'ame, l'esprit public, la modération et la sagesse dans les succès, la fermeté, la constance dans les revers ; la crainte des dieux, la foi des sermens, le respect pour les loix et les magistrats, formoient les moeurs romaines des beaux jours de la République, et doivent devenir les nôtres, si nous voulons conserver la liberté.

Volez du midi jusqu'à l'ourse,
Volez, intrépides Français;
Mais dans votre rapide course
A vaincre bornez vos succès.

Que ce soit là votre devise,
Vous régnerez dans tous les cœurs;
Et le carnaval de Vénise (1)
Vous devra de nouveaux acteurs.

---

(1) On doit se rappeller le souper que fit Candide avec trois ex-rois qui, après avoir perdu leurs couronnes, étoient venus passer le carnaval à Vénise, où, depuis la révolution française, dit-on, de nouveaux acteurs de carnaval sont attendus.

# APPEL

A

## MICHEL MONTAGNE

DES OPINIONS SUPERSTITIEUSES
DU 18e. SIÈCLE.

« Qui veut fe défaire de ce violent préjugé de la coutume,
« il trouvera plufieurs chofes reçues d'une réfolution in-
« dubitable, qui n'ont que la barbe chenue & rides de
« l'ufage qui les accompagne; mais ce mafque arraché,
« rapportant les chofes à la vérité & à la raifon, il fen-
« tira fon jugement comme tout bouleverfé, & pour tant
« en plus fûr état..... »

*MONTAGNE. Liv. 1, Chap. 22.*

LA fuperftition, fille de la terreur & de l'orgueil, mère de l'erreur, efclave des préjugés, victime de l'hypocrifie & du menfonge, nourrit l'imagination, qui a plus befoin d'alimens que de raifon, & courbant l'homme fous le double joug qui le dégrade & l'opprime, elle étouffe en lui les lumières naturelles, & lui fait repouffer celles de la philofophie.

Tel est le funeste effet qu'elle produit sur ceux qui, opinant du bonnet, sont d'avis, 1°. Que la république enfante la loi agraire; 2°. Que le titre de Citoyen n'est qu'un mot vuide de sens; 3°. Que les républiques sont dans des agitations continuelles; 4°. Qu'il y a plus de promptitude dans l'exécution confiée à un seul, que remise à plusieurs; 5°. Que le despotisme sacerdotal & royal est nécessaire à notre existence; 6°. Que notre caractère repousse la république; 7°. Que notre situation locale & l'étendue du territoire ne lui sont pas moins contraires; 8°. Que la durée de notre monarchie en prouve la nécessité.

Si nous ne pouvons convaincre les fanatiques de la futilité de ces objections, la pureté de notre intention nous consolera de l'inutilité de notre tentative.

Nous commencerons par demander pourquoi la loi agraire seroit-elle une suite de la république, plutôt que de la monarchie, s'il est vrai qu'établie au Pérou & au Paraguai, deux monarchies, elle n'offre guères de vestiges de son exécution dans les républiques? L'histoire de celle de Rome en fait souvent mention; mais jamais il n'entra dans la pensée du plus factieux tribun, de faire ordonner le partage des terres des particuliers. Seulement il fut souvent proposé, & presque toujours sans succès, de partager des terres conquises entre les Prolétaires.

La loi agraire, telle que celle dont on voudroit nous faire peur, n'aura lieu parmi nous que lorsque les législateurs sacrés du Pérou ou du Paraguai repasseront le rivage des morts pour nous donner des loix, avec le miraculeux secret d'empêcher qu'au mépris de la loi agraire, la différence des caractères n'en mette bientôt une entre nos fortunes.

« Le titre de Citoyen ne seroit-il, comme le disent nos adversaires, qu'un mot vuide de sens, lorsque sous le despotisme même il désignoit une vertu ? Voltaire & Rousseau, qui vont résoudre cette plaisante objection, ont dit, le premier, » que le titre de Citoyen avoit perdu de sa dignité depuis la privation des droits qu'il exprime ; « le second, » que ce titre dans une monarchie devient criminel, s'il désigne autre chose qu'une vertu «. L'ombre de ces deux grands hommes nous accuseroit de manquer nous-même de sens, si nous nous arrêtions plus long-temps à discuter ce qui ne peut pas être mis en question.

« Les républiques sont dans une agitation perpétuelle ». Cette troisième objection, qui frappe beaucoup d'honnêtes gens, accoutumés à la fausse tranquillité de l'esclavage, n'est au fond qu'un préjugé tiré du trouble des diètes polonaises, de l'opposition constante des deux ordres de Citoyens qu'admettoit la constitution vicieuse de l'ancienne Rome, de la lutte fréquente des aristocrates Bataves, avec une maison princière qui veut jouir seule du droit d'asservir son pays. Ces exemples, auxquels on pourroit ajouter celui de toutes les autres républiques passées & présentes, prouvent seulement leur mauvaise constitution.

En bonne foi, les monarchies sont-elles plus tranquilles ? Pour nous convaincre qu'elles sont plus agitées, nous n'avons seulement qu'à jetter un coup-d'œil rapide sur l'histoire de notre pays.

Que de sanglantes discordes entre les descendans de Clovis, pour les fréquens partages de la monarchie, & entre leurs Maires du Palais, pour s'emparer des rênes du gouvernement ! Ces calamités durèrent sans relâche, jusqu'à ce qu'un de ces Officiers, combinant son ambition avec celle du chef de l'Église, s'empara du trône, & relégua le fantôme détrôné dans un cloître. Le règne du fils de l'usurpateur n'est qu'une longue suite de guerres en Italie, en Espagne & en Allemagne, où il répand le sang de tout Saxon qui refuse le baptême. Ces horreurs sont couvertes du voile de la religion; & après la mort de ce barbare, l'Église célébra long-temps sa fête! Son successeur, prince foible, tyran sans pitié, voit le clergé comblé de ses bienfaits, s'unir à ses enfans pour lui ravir le trône. On l'en fait descendre ignominieusement, & l'on mêle des cérémonies religieuses à cette criminelle farce. La mort de Louis-le-sot rallume le flambeau des dissentions civiles. Cent mille Français s'immolent dans les champs de Fontenai à l'ambition de trois parricides. L'un d'eux, victime de la politique de Rome, qui lui vend la couronne impériale, consomme en Italie la ruine de la France, vengée par la mort funeste de ce prince. Ses successeurs couchés sur les débris de trois trônes, & réduits à une seule ville, font place à un troisième usurpateur. Ici se présente un nouvel ordre de choses; la violence & le brigandage sont couverts par l'hypocrisie, la ruse & la perfidie. Tels sont les moyens qui assurent le trône à Capet. Son compétiteur trahi & livré, finit ses jours dans une prison. Depuis cette époque jusqu'aux croisades, le peuple dans l'esclavage, souffre tous les maux d'une guerre continuelle entre ses tyrans & les rois. Ceux-ci, pour se débarrasser de l'obstacle à l'établissement de l'arbitraire, l'objet éternel de la politique des Capets, secondés du clergé & des moines qui savent profiter de leur crédit, & de la sottise des grands & du peuple, les envoyent en Palestine; d'où, comme de l'antre du lion de la fable, rien ne sort de ce qu'on y voit entrer. Des nuées d'hommes, d'enfans, de femmes, (il en falloit pour se délasser des fatigues d'un long voyage), fondent de toutes parts dans le plus pauvre pays de l'univers, & n'en reviennent plus. Aux croisades succèdent les guerres sanglantes entre les Valois & les Plantagenets, pour la succession à la couronne. La captivité du roi Jean, l'état déplorable du royaume en sont la suite. Cet état empire sous un prince insensé, que gouverne une mégère, une Messaline. Ses amans se disputent sa faveur, & le gouvernement du royaume. Deux factions font de Paris le théâtre de la guerre & des assassinats. Pour venger la mort d'un duc de Bourgogne, poignardé sous les yeux du Dauphin, le fils de ce tyran assassiné, s'unit à la reine pour soumettre sa patrie à l'Anglais, & priver le Dauphin du trône. La reine, femme adultère, mère dénaturée, ennemie de la France, outrée de la mort du Bourguignon, unit son ressentiment à celui du fils. Le Dauphin, ou plutôt l'épée de Dunois, aidée du merveilleux de la Pucelle, décide la querelle. Charles VII, esclave de ses maîtresses, & vainqueur de ses ennemis, meurt de chagrin, causé par la révolte de son fils, trop connu sous le nom exécré de Louis XI. Trois des successeurs de ce tyran font de l'Italie le tombeau des Français & le gouffre des finances. A ces expéditions ruineuses succèdent les guerres de religion sous les trois derniers Valois, guerres couronnées par le massacre de la St. Barthélemi, & qui se terminent ou se ralentissent par le second changement d'Henri IV, changement aussi sincère que le premier, mais qui ouvrit Paris à un vainqueur impatient de régner. Son assassin rallume le flambeau du fanatisme, qui éclaire les succès de la politique sanglante du vainqueur de la Rochelle, tuteur de son maître, agent impérieux du despotisme, & vengeur de l'humanité sur les aristocrates Français & les despotes Autrichiens. Louis XIV hérite de la superstition de son père & de l'esprit despotique de Richelieu. La combinaison de ces deux caractères enfante les dragonades, la révocation de l'édit de Nantes & la guerre civile des Cévennes. Une guerre entreprise pour le seul intérêt de la grandeur de la maison du despote, multiplie les disgraces, ébranle son trône, fait périr un million d'hommes, & met les finances dans un état qui, empirant sous deux princes foibles & dissipateurs, accélère la révolution dans les choses, qui étoit déjà faite dans les esprits. Nous ne pouvons mieux terminer l'esquisse des troubles & des malheurs de notre pays depuis Clovis, que par deux vers d'un roi, homme d'esprit & meilleur politique que son successeur :

« O sagesse divine ! je te crois très-profonde,
« Mais à quels plats tyrans as-tu livré le monde !

Les plus plats ne sont pas toujours les plus

funestes. Mais leur nullité n'empêche pas que l'agitation ne soit plus constante dans les monarchies que dans les républiques : ici, le timon des affaires est confié à des hommes capables, ou réputés tels, qui répondent de la manœuvre. Obligation redoutable qui rend les guerres extérieures aussi rares qu'elles sont communes dans les monarchies.

Nous venons d'en dire assez sur un point que le simple examen des faits doit décider en faveur de la république. Si dans ce gouvernement la promptitude de l'exécution est moindre que dans les monarchies, ce qui forme la quatrième des objections, auxquelles nous nous obligeons de répondre, cet inconvénient, qui ne nous en impose pas, est racheté par des avantages qui ressortent du sujet même. Ici nous invoquons l'aristocrate Montesquieu. Ce célèbre écrivain qui, malgré ses préjugés, a rendu, comme philosophe, des services à l'humanité, dit « que les « affaires étant menées par un seul, il y a plus « de promptitude dans l'exécution ; mais que « comme cette promptitude pourroit dégénérer « en rapidité, les loix y mettront une certaine « lenteur ». Qui ne voit que Montesquieu met en fait ce qui est en question. 1°. Il est très-rare qu'un seul mène tout, & très-ordinaire qu'il laisse le tout entre les mains de ministres, maîtres dans leur département, jaloux les uns des autres, & peu d'accord. 2°. Où font les loix d'une monarchie que le pouvoir d'un feul ne faſſe céder à ſes volontés ? Les loix, loin de remédier à l'inconvénient qu'obſerve l'auteur cité, favoriſent le deſpotiſme, qui derrière le rideau ſe joue du fond & de la forme. Donc l'inconvénient reſte, qui efface par ſes conſéquences l'avantage que la monarchie peut avoir par la plus grande promptitude de l'exécution.

A peine nous arrêterons-nous ſur l'objection ridicule de la prétendue néceſſité du deſpotiſme royal & ſacerdotal pour notre exiſtence. Le renverſement de l'un doit décider du deſtin de l'autre, ſi nous voulons vivre en république. Celle des Gaules, qui comprenoit avec tous nos départemens, la Savoye, le comté de Nice, l'état de Gênes, le Piémont & la Belgique, avoit des aſſemblées nationales, une grande population faiſoit fleurir l'agriculture, cultivoit les lettres grecques, étoit puiſſante & redoutable, & ne connoiſſoit ni l'un ni l'autre deſpotiſme. Pourquoi ne redeviendroit-elle pas ce qu'elle a été pendant tant de ſiècles avant Clovis ?

L'objection tirée de notre caractère n'eſt pas mieux fondée que les précédentes. Le reproche d'inconſtance & de légéreté qu'on nous fait ſi légérement, convient à toutes les nations barbares. Mais avec nos impertinens préjugés, ne ſommes-nous pas des Vifigots & des Vandales, dont les écrivains du dernier siècle ont poli la langue ? Ceux qui les ont fuivis peuvent nous apprendre à penfer ; cependant nous fommes encore dans la barbarie. Nous prenons pour caractère national ce qui eft bien plutôt un effet du gouvernement qu'un ouvrage de la nature. Plus avancés, nous connoîtrons que la frivolité de certaines nations appartient en propre au gouvernement, qui néglige de porter les efprits vers des objets grands & utiles, ou qui les en détourne. Nous fommes ce que l'ancien gouvernement vouloit que nous fuffions, & ce qu'il étoit lui-même : *ficut principes ita eft populus*.

Si le reproche de frivolité ne prouve rien contre l'établiffement d'un gouvernement, dont le propre eft d'exalter les ames & de porter les efprits vers des objets grands & férieux, la feptième objection empruntée de notre fituation locale & de l'étendue du territoire, ne prouve pas davantage.

Nous fommes environnés de monarchies. Mais les Pyrenées, les Alpes, l'Océan & le Rhin nous en féparent. Nous pouvons compter fur l'alliance des Belges & des Liégeois, dont le fort réglera celui des Bataves. Fut-il jamais de contrée auffi heureufement circonfcrite, que la France réunie à la Savoye, pour fe garantir de l'invasion de ses voisins? Ne semble-t-elle pas formée par l'auteur de la nature, pour être l'asyle fortuné de la liberté? quel plus riche & plus beau pays que le nôtre? La France abondante en tout, peuplée d'hommes ingénieux, laborieux, généreux & braves, peut se suffire à elle-même; & telle est sa force invincible sous ses diverses espèces de gouvernement, tous irréguliers, & tendant à l'anarchie, qu'elle a résisté aux ligues les plus formidables, notamment le dernier siècle, sans être entamée. Que ne fera-t-elle pas sous l'empire de la liberté?

Les passions humaines qui peuvent un tems déranger l'ordre initial établi par l'auteur de la nature, & qui n'échappe pas à l'œil observateur du philosophe, n'en sauroient empêcher le rétablissement fixé par des décrets immuables. Vainement la conjuration des despotes menace-t-elle notre liberté. Envain un gouvernement corrupteur & corrompu employe-t-il les ressorts d'une politique machiaveliste, mais moins profonde qu'intrigante & tracassière; ses moyens, la ressource de la foiblesse, échoueront contre la France, comme leurs armées échouèrent contre l'Amérique. L'ordre de la société, sujet à des révolutions inévitables, & qu'il est impossible de prévenir, paroît être à la veille des plus grands changemens, prédits par les philosophes : ( lisez sur-tout Rousseau, dans son *Emile*, liv. 3, pag. 113 ); leurs prédictions commencent à s'accomplir. Qui ne voit déjà que l'auteur d'*Emile* avoit raison de tenir pour impossible, ce sont ses expressions, *que les monarchies de l'Europe eussent long-tems à durer*.

L'Occident doit leur naissance à l'ambition des Romains, dont l'esprit de conquête & de domination étouffa l'amour de la liberté dans tout l'univers. A cette funeste époque, l'Asie renfermoit presque les seules monarchies connues. L'Occident plus heureux ne comptoit guères que des républiques : c'est l'état naturel. Sur les ruines de la vaste monarchie des Céfars, s'élevèrent en Europe ces trônes dont elle est surchargée. Des armées de brigands établirent dans cette belle partie du monde le gouvernement militaire, & donnèrent à leurs chefs le titre de roi, devenu si commun, que des courtisans d'Attila le portèrent, comme on voit à la suite du pape, de vils esclaves décorés des titres les plus fastueux. Si de nos jours les rois des grandes monarchies ne comptent pas d'autres rois parmi leurs courtisans, en revanche ils les tiennent, eux & leurs troupes, à leur solde.

Telle est l'époque de la fondation des monarchies dans notre continent, & de l'usurpation de la souveraineté sur les peuples. Sa date ne prouve rien contre la république, s'il est vrai que celle-ci, ci, qui chez nous a précédé la monarchie, remonte à la naiſſance des ſociétés. Donc la durée de la monarchie n'en prouve pas la néceſſité.

Mais nous parlons de monarchies & de républiques, connoiſſons-nous bien leur différence? Le gouvernement républicain a été juſqu'ici très-peu connu en Europe. Cette ignorance ne ſeroit-elle pas une des principales cauſes de l'attachement à la monarchie? mais rien ne contribue autant au maintien de ce gouvernement que la ſuperſtition, qui agiſſant ſur l'imagination, fait deſcendre du ciel le deſpotiſme avec l'huile dont le prêtre *oint* le deſpote, lequel pour ce ſervice promet le maintien de la ſuperſtition, qui conſacre le deſpotiſme royal & ſacerdotal.

Quel empire n'exercent pas ſur les hommes la crainte, l'éducation, l'habitude & l'amour du merveilleux! « C'eſt lui, c'eſt cet empire, dit
» Bacon, qui a forgé les idoles du vulgaire,
» les génies inviſibles, les traits invincibles de
» l'amour & de la haine; c'eſt lui qui change
» la bonne diſcipline & les coutumes vénérables
» en momeries ridicules, en cérémonies ſuper-
» ficielles. Dès que la ſuperſtition a jetté de
» profondes racines dans quelle religion que ce
» ſoit, elle eſt capable d'éteindre les lumières
» naturelles & de troubler les têtes les plus ſaines:
» enfin c'eſt le plus terrible fléau de l'humanité.»

B

L'hypocrisie l'entretient, le faux zèle la répand, & l'intérêt la perpétue. Mise en action, elle constitue proprement le fanatisme, qui, comme nous en avons la preuve sous nos yeux, nous aveugle sur nos plus chers intérêts. Son effet est tel, même sur des hommes foibles & timides, qu'il les rend presqu'insensibles à la perte de la liberté, & inaccessibles à la crainte de la mort.

Privé de l'usage de la raison, le superstitieux croit des absurdités, & s'attache à des principes mobiles que les passions, les vices & les préjugés ont substitué à des vertus réelles à la portée de tous. « Car, comme l'observe le sage Confucius, on voit des hommes peu propres aux sciences, on n'en voit point qui soient incapables de vertus ». Les rois & leurs consécrateurs ont-ils travaillé à tirer parti de cette disposition générale à la vertu ? L'histoire de nos crimes est celle de leurs forfaits. En est-il de plus grand que de tromper les hommes pour les retenir dans l'ignorance de leurs droits & de leurs devoirs?

De cette ignorance fatale naquit la puissance féodale, qui fonda à ses dépens la puissance du clergé. La mère & la fille, tantôt rivales des rois, tantôt leurs alliées, s'accorderent toujours en un point, celui d'asservir la multitude. Ce fut alors que le titre de citoyen perdant de ses droits perdit de sa dignité. Les droits politiques, après l'usurpation, furent concentrés dans les deux premiers ordres de l'état. La France, à la ressemblance d'Alger, devint une véritable aristocratie sous un despote, ici nommé roi, là nommé dey : l'un soumis au chef de sa religion résidant à Rome, l'autre au chef de la sienne résidant à Bisance. L'avant-dernier roi ajoutoit un trait bien prononcé au parallèle; mais une conformité non moins frappante entre les rois & les deys, c'est de compter les aristocrates pour quelque chose, & le peuple pour rien.

L'affranchissement de ce dernier lui rendit une foible partie des droits qui lui avoient été ravis. Content de cette modique restitution, il ne voulut pas voir qu'il pouvoit maîtriser le mouvement qu'il a servilement suivi jusqu'à la révolution.

Un peu avant, au quinzième siècle, les yeux s'ouvrirent à la lumière qui commençoit à paroître. Deux hommes, un sur-tout, condamnables comme hérésiarques, utiles comme philosophes, ébranlèrent l'édifice que nous venons d'abattre en partie. Attaqué par le sage & malheureux Coligni, maintenu par les sanglantes victoires remportées sur son parti, suivies du massacre horrible de la St. Barthélemi, cet édifice se soutiendroit encore en entier, si les fautes multipliées du gouvernement, depuis la révocation de l'édit de Nantes, n'en avoient accéléré la chûte : si elle n'est entière, il ne peut exister de république. La Convention moins gênée dans sa marche que la première assemblée, évitera sans doute les contradictions & l'incohérence, qui rendent si défectueux l'ouvrage auquel elle retouche. Ses lumières & sa sagesse, qui ont à lutter contre l'éducation, les habitudes, les préjugés, les intérêts particuliers & la superstition (1) sacerdotale & royale,

---

(1) A dieu ne plaise que nous confondions la superstition avec la religion, dont les principes fondés sur la morale se rapportent au divin auteur de l'ordre initial, que le superstitieux méconnoît, & que le fanatique outrage. Nous connoissons, nous révérons, nous aimons la religion, qui, nous enseignant des vérités certaines, fait le sujet de notre consolation & celui de nos espérances.

Nous distinguons aussi entre les ministres d'un culte, dont les principes ramenent au despotisme, ceux que les vertus, le zèle paisible & épuré, le désintéressement & les mœurs exemplaires rendent dignes d'une profession d'autant plus respectable, que ceux qui l'embrassent auront moins de prétentions & d'ambition. La réunion de leurs fonctions avec celles des Municipalités est intolérable dans une république, qui a tout à craindre de l'esprit d'une corporation de célibataires par état, tendant à la domination par système, avec des moyens d'influencer le peuple, qu'aucune autre religion sur la terre ne donna à ses ministres. Qu'il est difficile de ne pas abuser du crédit & de l'autorité énorme que donne sur les esprits l'enseignement public & secret! Tranchons le mot, un pareil système est incompatible avec la liberté civile & religieuse, & avec l'égalité. Où sont cette liberté, cette égalité dans une ré-

triompheront de leurs efforts , & éleveront l'édifice majestueux d'une constitution philosophique sur la Déclaration des droits de l'homme, la liberté civile & religieuse, & l'égalité, qui est, dit Séneque, la première partie de l'équité : *Prima enim pars æquitatis est æqualitas.*

Ce n'est qu'à ce prix que la Convention se placera à la hauteur où la première Assemblée ne put s'élever. De son attitude imposante, & du calme qu'elle fera régner autour d'elle, dépend le destin de la guerre qui va régler celui du monde. Fermes dans le système de l'unité & de l'indivisibilité de la république, ne craignons ni des gens que nous avons vaincus, ni l'effet des complots perfides d'un cabinet infatigable, ennemi de la li-

---

publique où les ministres d'un culte public sont payés par ceux qui professent un autre culte dont la nation ne paye pas les fraix ? Mais il est une considération bien plus importante ; c'est qu'il est vrai de dire, que tout culte public salarié ou non salarié, tend nécessairement à la domination & à l'intolérance. C'est bien autre chose, lorsque l'une & l'autre entrent dans les principes des ministres & dans le système du culte. Un pareil ordre de choses ne peut se combiner avec un gouvernement libre : il est inutile d'y penser, ou il faut renoncer à se former en république.

Mais il est de justice d'assurer des compensations à des hommes, qui, sur la foi publique, ont embrassé un état qui leur promettoit du bien-être.

berté, du repos du monde & de la gloire de son pays ; d'un cabinet enfin , dont l'esprit & le langage nous rappellent ce qu'un Ambassadeur d'Espagne à Vienne écrivoit à sa Cour, « que les ministres de l'Empereur avoient l'esprit comme les cornes des chèvres de son pays, petit, dur & tortu » : n'en pourroit-on pas dire autant des ministres, plus creux que profonds, qui se sont permis de prédire « que les Français passeroient au travers de la liberté » ; prédiction d'un Visir qui, voulant rassurer son maître, tremble lui-même sur les suites de notre révolution. Evénement unique dans les fastes du monde, & qui doit rendre à la France la prospérité dont elle a joui depuis la plus haute antiquité jusqu'à Clovis. L'histoire nous apprend que cette belle partie de l'Europe fut très-fertile & très-peuplée sous le gouvernement républicain ; pourquoi ne redeviendroit-elle pas ce qu'elle fut sous le même régime perfectionné ?

Connoissant les vices des républiques passées & présentes, nous pouvons en garantir notre nouvelle constitution. Toutes les républiques qui ont paru sont plutôt des espèces d'oligarchies que des gouvernemens réguliers ; de sorte qu'on peut dire qu'il n'y a eu jusqu'ici sur la terre ni véritable république, ni véritable monarchie ; que ces deux mots sont équivoques, & que peu de gens s'en font une idée juste.

L'amour de la monarchie ne tient guère aujourd'hui qu'à l'amour des abus & des sottises que ce gouvernement entraîne dans sa chûte. Le jour viendra, où le calme des passions permettra de suivre le conseil de Montagne, qui dit « qu'il faut ôter le masque aussi bien des choses que des personnes »; alors on voit les objets tels qu'ils sont, & le prestige s'évanouit.

Nous n'osons nous flatter de le dissiper. Les hommes ont deux passions favorites, que la philosophie ne détruira jamais, celle de l'erreur & celle de l'esclavage. O Français ! qui fûtes si long-temps sous le joug des belles, des prêtres & des rois, ne portez désormais que celui d'un sexe aimable, sensible & vertueux. Nous ne pouvons mieux terminer cette discussion que par un avis qui doit plaire au lecteur.

S'il est de bonne foi avec lui-même, il conviendra de la futilité des objections que nous venons d'examiner d'après les faits & la doctrine des philosophes que nous avons mis à contribution; car il en est des vérités & des idées comme du feu, on va le prendre chez son voisin, on l'allume chez soi, on le communique à d'autres, il appartient à tous; mais plus particuliérement aux deux sages connus, qui ont dit, l'un, « qu'il regardoit le royalisme comme un crime égal à l'empoisonnement »; le second, « que le monde ne seroit heureux que quand il seroit délivré de deux espèces d'hommes qui profitent de l'ignorance & de la superstition qu'ils entretiennent, pour tenir leurs semblables sous le joug ».

Que ces deux philosophes ont laissé de disciples parmi nous ! le républicanisme compte en France presqu'autant de partisans qu'il y a d'hommes éclairés dans la politique. A cet égard tous les siècles se sont ressemblés ; les Brutus, les Catons, les Locke, les Milton, les Price, les Francklin, les Voltaire, les Mabli, les Rousseau, son ami d'Argenson l'ainé, les Turgot, les Condorcet, les Payne, les d'Aubusson (1) père; & tant d'autres étrangers & Français, qui tous ont vu

---

( 1 ) Le vertueux républicain d'Aubusson, moins connu par des écrits remplis de vérités utiles, où se peint sa belle ame, que par un caractère soutenu, dont les traits principaux sont l'amour passionné de la sagesse, de l'humanité, de la liberté, la haine du despotisme & des despotes, le mépris pour leurs courtisans, leurs flatteurs, leurs complices, & pour tous les signes extérieurs de l'esclavage. Jaloux de tout ce qui s'appelle honneur & probité, il rend à la société une espèce de culte, & l'honore par une probité, dont les sentimens entrent autant dans sa constitution, que les lumières de l'esprit, la sensibilité d'une ame exaltée, la fidélité du cœur le plus constant. Heureux époux ! heureux pere, jouissant de la considération personnelle & d'une fortune qui lui permet de suivre la plus chère de ses inclinations vertueuses, le triomphe de la république, son affermissement sur les bases d'une constitution philosophique,

la république comme la source des vertus, du bonheur individuel & de la félicité publique.

―――

mettront le comble à son bonheur philantropique, s'il nous est permis de nous servir de cette expression.

Ses vœux sont les nôtres. Républicain dans l'ame, professant de tout temps la doctrine qui a fait la révolution dans les esprits, avant qu'elle se fît dans les choses, nos principes antérieurs à cette époque nous donnoient du ridicule, depuis la révolution ils nous ont enlevé presque tous nos amis. Mais il en est un qui nous console d'autant plus aisément de nos pertes, que nous devions moins les éprouver. Patriote solitaire & paisible, sans ambition & sans prétentions, renfermé dans le cercle obscur des fonctions privées, nous avons autant d'ennemis qu'il y a de malveillans instruits de notre existence. Nous en sommes plus affligés que nous ne devons en être surpris, s'il est vrai, comme l'a dit un observateur, que l'esprit des aristocrates est un vrai délire ; raisonnables sur tout le reste, ils déraisonnent dès qu'on leur rappelle l'idée qui produit leur égarement. Quoique plusieurs soient d'un bon esprit, ils sont tombés depuis la révolution dans une sorte de démence & même de démence furieuse. Toutes leurs idées sur les choses & sur les personnes sont bouleversées. Ils méprisent ce qu'ils estimoient, ils haïssent ce qu'ils aimoient. Tout ami de la révolution est un monstre à leurs yeux, un scélérat, un insensé ; l'eussent-ils regardé toute la vie comme un honnête homme & un homme de sens, ils ne peuvent plus respirer le même air que lui, ils ne peuvent plus le voir ni l'entendre de sang froid. Ils oublient complettement ce qu'ils ont aimé, ce qu'ils ont fait, ce qu'ils ont dit ; tout a changé pour eux. Incrédules, ou tout au moins indifférens avant la révolution, ils frémissent à la seule pensée d'un schisme avec la cour de Rome, qui fut l'objet de leurs sarcasmes & de

Mais après une révolution qui alarme tous les despotes, qui réduit au désespoir tous les aristocrates, & qui met en fermentation toutes les passions, nous ne pouvons obtenir les biens qu'elle promet à l'amour passionné de la liberté, qui n'est que l'amour de la licence quand il n'est pas accompagné de celui de la justice, qu'au prix des maux passagers qu'entraînent les grands changemens La fin de la guerre sera le terme de nos épreuves. Alors les ressentimens & les vengeances

---

leurs mauvaises plaisanteries. Apôtres zélés de la tolérance universelle, ils font aujourd'hui l'éloge de l'inquisition. Amateurs passionnés des livres philosophiques, ils voudroient leur voir subir le sort auquel un calife ignorant & fanatique condamna la fameuse bibliothèque d'Alexandrie. Le titre de philosophe qu'ils réveroient est devenu dans leur bouche une injure... En deux mots, tout ce qui est contre la révolution est bon, tout ce qui est pour elle ne vaut rien. Voilà exactement la logique de ses ennemis & des nôtres. C'est moins dans l'espérance de les convaincre de la futilité de leurs objections contre le gouvernement républicain, que nous les avons combattues, que pour obéir au desir impérieux de payer une dette civique. Ce motif nous dissimule la foiblesse de notre talent, & nous aguérit contre la critique injuste de ces pédants à prétentions qui parlent de style, dont ils connoissent peu les graces, lorsqu'ils ne devroient chercher que des choses ; qui en demandent de neuves, lorsqu'on n'en doit desirer que d'utiles. Nous ne croyons pas en avoir employé d'autres. Le patriote nous saura gré de notre intention, & content de voir & d'approuver ce que nous avons dit, il ne demandera pas qui nous sommes : *Non quæras quis hoc dixerit, sed quid dicatur attende.*

doivent finir; alors la clémence doit prendre la place de la févérité : une nation généreufe & fenfible doit favoir pardonner comme elle fait conquérir & défendre fa liberté. Pour la conferver & en régler l'ufage, il faut la bien connoitre; connoiffance importante qui doit être le fruit de l'inftruction publique confiée à des hommes dont l'état & les préjugés ne foient pas oppofés à l'efprit public & à la révolution.

# LE RÉPUBLICAIN (1),

## VOLTAIRE AUX CHAMPS ÉLISÉES,

*Poëme librement imité d'Horace.*

Je vois sous ces bosquets, séjour délicieux,
Que prépara, dit-on, la justice divine
Pour la félicité des mortels vertueux,
Les ombres entourer les fils de Mnémosine :
Virgile, Homère, Ovide, Horace, Anacréon,
Le Tasse et Despréaux, la Fontaine et Racine,
Et la trop malheureuse amante de Phaon,
L'immortelle Sapho, dans sa tendre élégie,
Déplorer les rigueurs des filles d'Éolie,
Et joindre ses accens aux chants plus éclatans
Dont Alcée enchantoit les rives de Phrygie,
Quand des flots orageux il peignoit les hasards,

---

(1) Voltaire justifie par-tout le titre de républicain. Ce grand-homme écrivoit aux illustres Marseillois : « Je voudrois pouvoir aller chez vous, à cause de votre académie ; j'irois avec plus de plaisir si vous étiez en république. »

Les malheurs de l'exil, et les travaux de Mars.
Je vois à leurs accords les ombres attentives
En silence écouter des sons mélodieux.
Orphée (1) attendrissant les redoutables dieux,
Et le fameux Nocher des infernales rives,
Consoler et charmer l'objet de tous ses vœux.
L'effroyable gardien de ces plages arides,
Les horribles serpents qu'on voit entrelacés
Aux effrayans cheveux des noires Euménides,
O! prodige inouï, par un luth appaisés ;
Le hardi Prométhée et l'indiscret Tantale,
Également charmés par des sons enchanteurs,
Pour la première fois d'une peine fatale,
En dépit du destin oublier les rigueurs.
Et le républicain, l'universel Voltaire,
Par le piquant récit de ces combats sanglans,
Qui d'un trône abhorré renversent les tyrans,
Enchanter à la fois le sage et le vulgaire,
Des rois même obtenir les applaudissemens.
Si j'osois à mon tour, pressé par mon civisme,
Faire éclater mes voeux dans quelques foibles vers,
Je dirois à celui qui régit l'univers :
O! toi, dont les décrets de l'affreux despotisme
Doivent briser enfin le sceptre et les autels,
Conserve de l'état la colonne ébranlée,
Qu'au bout de l'univers, la discorde exilée,
Ne verse plus le sang des malheureux mortels.

*Par l'auteur de l'Appel à M. Montagne, patriote solitaire des bords de Vesere, département de la Corrèse.*

---

(1) Orphée, poëte & législateur des Thraces. Tous les philosophes ne sont pas poëtes, mais tous les grands poëtes sont philosophes.